Des fois, le soir…

Annie-Martine Blanc

Des fois, le soir…

Recueil

ISBN : 979-10-422-2535-3

À mes enfants, petits-enfants,

Merci à mon mari
pour son soutien si précieux
et avec qui je partage le goût de l'écriture

Je me souviens…

De cette chanson douce
que chantait ma maman
qui pensait m'endormir,
mais je faisais semblant
tout en suçant mon pouce.
ça la faisait sourire.
Et toutes ces histoires,
comme la souris verte,
celle des marionnettes,
c'est vrai, je me souviens
de salut les copains.
Moi j'étais la plus belle,
j'aurais voulu danser
avec les hirondelles.
Je me souviens surtout

celle du piano debout.
Quelque chose est tombé
sur les lames de mon plancher.
Je me souviens aussi
de Richard Anthony.
J'entends siffler le train.
On allait chez Laurette,
ensemble, à bicyclette
en chantant le refrain
le soleil et la mer.
Mais il y a quand même
ce souvenir amer
de l'enfance troublée
en pension séquestrée.
Ne pleure pas jeannette,
tu deviendras poète.
Privée de ses je t'aime,
je rêvais de Sissi.
Le souvenir plus doux
des petits roudoudous
mangés à la récré
ou alors échangés
pour des « mistrals gagnants »
Eh Renaud, tu m'entends?
Je me souviens aussi
de Cloclo et Johnny.
J'ai rencontré Sardou
un soir chez Patachou.

Je me souviens parfois
de mon premier amour,
poinçonneur des Lilas
qui m'appelait Cannelle.
J'empruntais des mots bleus.
Que la vie était belle !
C'était les jours heureux.
Je me souviens toujours
de ce raz de marée
du bonheur effet mère,
du départ de mon père.
Je me souviens encore
de mon étonnement
à devenir mamie
L'école était finie.
Dur dur d'être un bébé.
On a beaucoup marché.
Mais oui, je me souviens,
c'était l'été indien,
On partait à l'aurore.
promener dans les bois
chercher tous les trésors
offerts par la nature.
Je me souviens des mûres,
le loup n'y était pas.
Souvenirs souvenirs
de ces belles chansons
qui traversaient ma vie.

Je rêvais de voyage.
Capri c'était fini,
mais avec les rois mages
j'aurais suivi des yeux
l'étoile du Berger.
J'aurais eu un bateau
aux couleurs menthe à l'eau
pour aller écouter
jusqu'en Galilée
la musique klezmer.
Oui, j'aurais pris la mer
et mis dans mes bagages
l'odeur de ces voyages.
Souvenirs, souvenirs
J'écoute encore « Mirage »
Je sais, ce n'est pas sage
mais ça m'aide à vieillir.

Je m'enivre,
un vers ça va,
deux vers, bonjour le poème

Je voudrais vivre en poésie,
Là-bas c'est la vie de poème.
J'habiterais sur une rime.
Je parlerais le vers luisant
mais j'apprendrais aussi la prose.
J'inviterais tous mes amis.
Ronsard, lui, m'offrirait des roses.
Baudelaire, les Fleurs du mal.
J'aimerais le Dormeur du val
et me glisserais le soir dans son lit.

Je pars à Bergerac

Dans le cloître des Récollets
un arbre a été planté.
Des gens en a vu des milliers,
sans qu'aucun ne se rende compte
que depuis 100 ans il les compte.
Ils achètent du saussignac
et aussi du monbazillac
et puis un jour il l'a vue, elle,
qui venait pour du montravel.
Alors de son tronc défraîchi,
il sortit ses yeux ébahis.
Elle l'a pris en photo,
est restée sans dire un mot.

et l'arbre en tomba aussitôt
amoureux comme Cyrano
si pour Catherine de Médicis
les fontaines crachaient du vin
L'histoire a une belle fin
le pawlonia ne fut avare
et pour elle donna sa vie
pour fabriquer une gabarre
afin que la belle très fière
se promène sur la rivière
en compagnie de son amant,
un bien bel arbre assurément.

Je pleure

J'écris avec des larmes,
encre de ma tristesse,
car je n'ai pas d'autre arme.
J'ai perdu le ticket de caisse,
pour échanger mon amertume.
J'ai demandé au porte-plume
de me donner un coup de main
pour extraire tout ce chagrin.
Les mots s'échappent sur la page,
pas de sourire, c'est dommage
je ne supporte pas l'absence,
pardonnez-moi cette impatience
mais mon cœur est un insoumis.
Quand reverrai-je mon chéri ?

Elle a roulé sur ma joue sans que je ne puisse faire quoi que ce soit. Ses copines ont suivi, toutes aussi motivées. Un vrai tsunami de larmes, mais pourquoi pleurer ce soir, ai-je demandé à mon cœur ? Manquent son épaule pour te blottir, ses lèvres pour te rafraîchir, son regard pour t'empêcher de vieillir. Autant de raisons pour ces militantes d'organiser une manif anti -absence, non ?

Mes larmes sont enfouies
Dans les gouttes de pluie
J'ai caché ma colère.
Dans un coup de tonnerre.
Quand la bergeronnette
croise le martinet,
Il lui conte fleurette,
c'est normal c'est l'été.
Alors le chat ronronne
et moi je te pardonne.

Je me réjouis

Quand ce moment n'est pas entaché de souffrances,
et que chaque matin apporte l'espérance
d'une belle journée au soleil prometteur
Ou de pluie et de heurts…
Ce serait, tout de même, une bien belle chose
de respirer encore le parfum d'une rose.
Tout ce temps a passé, les enfants ont grandi.
et, même direz-vous, ils ont fait des petits.
Cette ronde d'amour qui danse autour de moi
Quand je ferme les yeux, ça me met en émoi.
Si chaque jour qui passe est encore aussi beau,
Alors oui, je veux bien poursuivre le voyage,
avec sur mon visage la trace des années.
Ces belles randonnées ne s'effaceront plus,
auprès de ceux que j'aime,
et ceux que j'ai perdus même s'ils me reviennent
parfois quand j'ai trop bu.
Vieillir, oui je l'avoue, je préfère ce verbe
tant que je vis debout.
Et plus tard, quand je serai plus grande
alors je partirai sans faire la sarabande.

Je dis… vague…

Quand il chante le coq, tôt.
Je pars aussitôt vers l'Aisne.
Je porte le rein beau.
Suis la fille de Proust, Madeleine.
Comme le dit mon amigo,
dos toiev ski valent mieux qu'un.
Et si vous n'avez pas compris,
toiev c'est comme décathlon.
Hue, go, dirait Victor,
amenons les bêtes au pré, vert,
Ne dites pas que j'ai tort,
profitons-en c'est beau de l'air,

Depuis que la pie pellette
a goûté de la beuh lette
Elle est devenue coq ètte.
Hourra saperlipopette,
Tu serais bien gentillette
lui dit son amie mollette
de m'en donner une giclette.
La pie en resta muette !

Délirer ? D'écrire ? Lyre ou aigrir ? Des lits ré ! J'aime ce mot. Avec lui tout est permis ! Sans délit, re ! Ça recommence, entrez dans la danse.

Voulez-vous délirer avec moi ?

Mouah ! Sa musique, en trémolo, m'entraîne dans une farandole imaginaire. Quel bonheur de s'extraire du droit chemin monotone pour vagabonder sur de joyeuses élucubrations. S'égarer quelque temps de la conformité du bien comme il faut. Rejoindre les exaltations enthousiastes de mes amis extraterrestres. Je suis atteinte de delirium tremens dites-vous ?

Mais pourquoi très mince ?

Je suis fort aise de cette hypothèse.

J'ai déliré tous les thés ?

Eh bien **thèses et vous,** j'ai cris maintenant.

Je fais la con, finement

On pourrait devenir fous. Quand j'en parle au chien et au chat, ils me répondent qu'ils ne sont pas très optimistes sur notre santé mentale. Nos comportements les inquiètent. Notamment parce qu'habitant rue Solférino, nous sommes en pleine bataille de voisins déployant tous les soirs une artillerie d'applaudissements. Et dire que le médecin de Napoléon, à l'origine de la rencontre, s'appelait Conneau ! Une tourterelle, sur le toit, a essayé de nous convaincre de prendre notre envol mais sa ressemblance avec une antenne nous effraie comme dit la chouette. Ici, en Périgord, nous récitons la tirade de Raoul de Bergerac : moi monsieur si j'avais de la chloroquine, il faudrait sur le champ qu'on fasse comme en Chine, pour guérir, il faut l'autoriser, si vous voulez qu'un jour on soit dé confiné ! Nous sommes surveillés par les rats, assez agressifs qui ont même menacé de nous dénoncer. Reste la télé, avec laquelle nous entretenons encore de bonnes relations bien que nous ayons remarqué à plusieurs reprises que nous n'avons pas toujours les mêmes idées politiques. Les interventions du rapace, de la chouette chevêche et celles si bêtes de la pie bavarde nous révoltent. D'ailleurs les hérissons installés chez ma copine, piquent du nez à chaque fois. Alors nous nous sommes pacsés avec les téléphones pour communiquer avec nos amis et jouer : certains se déguisent en tableaux, d'autres mettent des photos de quand ils étaient beaux et jeunes. De plus, notre chat, ce matin, n'avait pas de bonnes nouvelles. Il aurait entendu à radio souris que le petit duc bridé, après nous avoir mis en cage, avait décidé de nous cagouler pour faire peur à Coco le monstre. Est-ce qu'on nous masque la vérité ? Tiens, on vient d'entendre que, bien que ce soit interdit, quelques migrateurs se sont envolés ce week-end, espérant sans doute voler de leur propre zèle. Allez, nous, en attendant, on se gave de barres de chocolat.

Les révoltés du Bounty.

Je me raisonne

Dans mon jardin de confinée,
a fleuri un rhododendron
dont chaque fleur pose question :
Quand reverrai-je mes amis?
Dans mon jardin de confinée,
a poussé une herbe à chagrin.
Dans mon jardin de confinée
a surgi un arbre a réponse.
Alors je me suis fait semonce.
Au lieu d'écouter ces télés,
qui nous rendent tous cons finés
de cette communication
qui nous fait perdre la raison.
On en oublierait même la chance,
qu'on a d'avoir une famille.
Redevenons de joyeux drilles
et pensons l'avenir meilleur.
Car il y en aura du bonheur,
m'a dit un joyeux vers luisant.

Il m'a regardé en riant:
En avril passons des coups de fil
mais en mai, taisons ce qui nous plaît.
Alors à bientôt mes chéris.
Surtout ne soyez pas inquiets !
Après cette période troublée,
reviendront tous les beaux projets.
Dans mon jardin de confinée,
j'ai vu refleurir l'espérance.

Je cauchemarde

Oh putain ! Je viens de voir un frelon variant indien complètement Raoult, après s'être enfilé 3 bouteilles de chloro. Il n'arrêtait pas de crier « quine ! quine ! » Les zabeilles n'y comprenaient que dalle. L'une d'elles lui demanda s'il jouait au loto ? L'auto est au garage, répondit le frelon frelaté. Tu te la bailles belle, l'abeille. Frelon qui s'en dédit. Dis donc, dit l'abeille, pour me mettre à la baille c'est pas demain la veille. Je n'ai pas envie de me geler royale espèce hyménoptère ! Arrête de polliniser tout le temps ! Hyménoptère, hyménoptère, est-ce que j'ai une gueule d'hyménoptère ? J'assume mes propolis, répondit l'anthophila « Propos, conseil, enseignement, rien ne change un tempérament », disait Jean de la Fontaine. « je ne boirai pas de ton eau, mais patron un muscadet »! Moi je préfère le muscari dit l'abeille. Je te laisse ton butin, mutine et m'en vais de ce pas me faire vacciner. Encore un tour de passe-passe, ça nie terre ? Le nectaire est plus ultra. Au lieu de butiner va te faire vacciner.

« Madame vous allez bien ? » Je me réveille, entourée d'infirmières : que m'est-il arrivé ? « Vous avez été piquée par une abeille mais quand on vous a demandé le pass sanitaire, vous avez fait une réaction anxiogène ! »

Moralité : on peut se faire piquer mais pas la liberté.

Je gaie rit

Ne plus se soi nier
avancer pour gai rire
et s'efforcer de taire
Avec ses propres zèles
pour découvrir les moi
qui chats virent vers toi
j'écris toujours en vers
pour mieux vivre à l'endroit
Une faille à l'envers
une faille à l'endroit
entre nous point de croix.
Nous tricotons ensemble
un pull qui nous ressemble.
Un pull aux vers hi-fi.
Vers mi celle, mi celui.

Je milite

Ne soyons pas désespérés
on confine pas nos idées.
Alors Chantons Bella ciao,
et soutenons les hôpitaux.
Sachez qu'avec les travailleurs.
Bien sûr qu'on a droit au bonheur.
Auswies, Gestapo, misère
tout ça ressemble à la guerre.
Alors tous les soldats debout
rêvons d'un avenir plus doux.
Finissons-en de cette crise.
Reviendra le temps des cerises.
Ayons tous à cœur de lutter
pour la vraie solidarité.

Muguet… Mue gaie
Ce petit bout de fleur
promet bien du bonheur.
Vous y croyez ?
Changement ?
Assurément.
Bas les masques.
Créons une bourrasque.
Écoutons ces clochettes
annoncer la défaite
des inégalités.

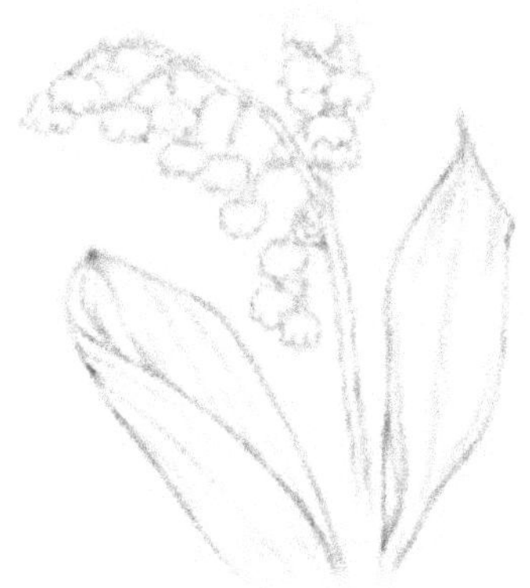

Feu !
de faux raies

Torpillent des milliers d'hectares.
Le réchauffement a accouché d'un monstre incendiaire qui dévore même le courage impuissant des soldats.
Les flammes engloutissent les nids et les refuges des animaux. Les initiales amoureuses gravées sur les troncs sont parties en fumée.
Les maisons n'abritent plus que des cendres.
Qu'avons-nous fait de notre planète pour que le soleil trahisse la canopée et devienne assassin de notre source de vie ?

FORÊTS, pardon !

Je pense à plus tard

Quand les grues quitteront leur zone d'hivernage
le soleil reviendra avec les hirondelles.
Alors, en écoutant s'aimer les tourterelles,
on pensera au temps de ne plus être sage.
Retrouver sa famille embrasser ses enfants
Partir et découvrir de nouveaux continents,
oublier pour un temps l'ennuyeux interlude
et calmer les émois de notre solitude,
recevoir des amis, aller au restaurant
s'émouvoir au ciné,
envahir les théâtres,
retrouver la raison et l'élan de combattre.
Signe que nous serons enfin devenus libres,
nous aurons désormais le droit d'avoir des livres,
De crier la colère et de l'acharnement
à briser les méfaits de ce con ! Finement.

J'ai besoin d'air

Le confinement ? Et si c'était l'occasion de : Rêver, Reposer, Réapprendre, Réécrire, Réseauter, Resocialiser, Romancer, Reconquérir, Réconcilier, Recommencer, Raccrocher, Raconter, Raccommoder, Rafraîchir, Raisonner, Raffoler, Ralentir, Ranger, Réapprendre, Réétudier, Rapprocher, Réapprovisionner, Rasséréner, Réactualiser, Réaliser, Rebâtir, Recadrer, Recontacter, Reconstruire, Réentendre, Réfléchir, Regarder, Raviver, Radoucir, Régaler, Repeindre, Retapisser, Rénover, Redevenir, Redémarrer, Rayonner…

Une bouffée d'R, quoi !

Je ponctue

Avez-vous remarqué le nouveau signe de ponctuation qui termine toutes les phrases ? Coronavirus ! Or, la ponctuation est censée marquer une courte pause dans la phrase et permet au lecteur de respirer, ce qui n'est pas le cas avec le coronavirus !

Il est primordial de connaître les règles de la ponctuation française qui est utile pour structurer la phrase et la rendre intelligible.

La ponctuation, c'est donc plus de clarté, de confort pour le lecteur, et de qualité d'écriture. Ce n'est pas pour rien qu'elle serait apparue avec les grammairiens de la Grèce antique.

Ne pas savoir l'utiliser correctement peut nous porter préjudice.

Supprimons ce nouveau signe. Adoptons les gestes barrières !

Je ra... con... te !

Confiné. e. s pour enrayer la contagion et ne pas être contaminé. e. s.
Contrevenir, c'est risquer la contravention.
Tout bien considéré, mieux vaut bien se conduire même à contrecœur, j'en conviens.
Pendant combien de temps cette configuration ? Contredite, controversée, peut-être contestable sinon contestée.
Viendra le temps de condamner ce qui sera condamnable.
C'est long, j'en confesse et sans conciliabule, j'en conclus qu'en contribuant au confinement on prend confiance.
C'est un contrat contrariant et contraignant avec les sorties contre-indiquées pour éviter tout contact.
Je vous convie à consentir à respecter les consignes :
Mon conjoint me console et pour conjurer le sort. On consomme du confit, on contemple le jardin, on joue sur les consoles, on se concocte des petits plats pour combattre l'ennui et conjurer le mauvais sort. On converse, on convole, on se consume en nous

concentrant sur l'essentiel. J'écris des contes, il compte mes cris de contrition concevables dans ce contexte confiné.

On compte les jours l'un contre l'autre comptant l'un sur l'autre. Comme un conte de faits. Mon conquistador ne compte pas ses compliments pour me conquérir.

Bonne continuation, pour converger vers des jours plus conviviaux.

Confraternelle ment

Conchita.

J'en rêve

Elles sont toujours bienvenues
le plus souvent très attendues
et quelquefois inattendues.
Grâce à elles, la vie continue
et nous sommes plus détendus.
Certains les vivent le corps nu,
d'autre les gagnent corrompus.
Mais plus souvent le corps rompu.
toujours des souvenirs émus
que ce soit avec des amis
souvent emplies de folie,
elles permettent les voyages
et les escapades à la plage,
les randonnées à la montagne,
les déjeuners à la campagne,
elles ont toujours leur nouveauté
Et c'est bien là ce qui nous plaît
Tant que l'on peut dire qu'on y est
en vacances !

Je m'envole

J'ai aperçu des hirondelles
dans un ciel bleu, exprès pour elles.
Des hirondelles de fenêtres
qui cherchaient à faire leur nid
ou bien seulement peut-être
me faire un signe entre amies.
Volez, volez mes toutes belles
vous irradiez le ciel de vos ailes.
Savez-vous que je vous envie
de pouvoir quitter le pays
sans perturber l'effet de serre.
Le réchauffement s'accélère.
Merci de nous ramener
à un meilleur comportement
Ce sera au moins l'effet
de ce foutu confinement.

Il pleut sur le jardin.
Deux jeunes tourterelles
discutent à grand bruit.
Je n'ai pas deviné
si c'est une querelle
l'une semble excitée 1
l'autre déploie ses ailes
comme pour s'envoler.
Inquiète du débat
doucement je m'approche
regrettant toutefois
de me sentir si proche !
ça me regarde pas
Mais un cri me chamboule
bien sûr qu'elles roucoulent
et je suis rassurée.
Dispute d'amoureux.
Ces oiseaux sont heureux !

Là-haut sur la tonnelle,
gémit la tourterelle.
Elle a perdu son nid
Et son mâle est parti
ses larmes de chagrin
t'éveillent le jardin
sur la plante roussie
Les gouttes se déversent
Comme pluie de tristesse
Qui redonnera vie
pour séduire sa belle
le mâle est revenu
gentille tourterelle
roucoulement ému
il n'était pas parti,
il couvait les petits.

Je pousse un coup de gueule

L'enfant roi
rêve de lui.
L'enfant sans toit
rêve d'un lit
et de poser sa misère.
Marre de dormir par terre
et de voir pleurer ses parents !
n'a-t-il plus le droit de grandir
parce qu'il fuit un pays en guerre ?
est-il obligé de souffrir ?
des refus de travail pour son père ?
Les politico-militaires
L'ont chassé sans ménagement.
L'enfant sans toit
a des yeux couleur de questions
mon cœur à moi
des envies de révolution.

Je suis à l'an… Vers,
Ni sages, ni etzschéens

Petite, quand j'étais à l'envers, on disait que j'avais des vers. Vers, ce sont des larmes. Vers qui me tourner ? Ma mère m'attachait une corde au cou avec une gousse d'ail. J'ai grandi en écrivant des vers. Aïe dolescence. Vers mi-fugue, mi-raison. J'ai eu la corde au cou : vers tiges d'amour et d'aïe, cris que j'ai mis en vers et contre tout ce que je ne saurai jamais dire à l'endroit. Vieillesse : vers meil. Après 2 verres, je suis à l'an vers, rangés les uns contre les autres, comme des petits soldats qui avancent au pas sur la musique de Verdi. Printemps, temps de vert céladon. Est-ce cela donc, dirait Véronèse ? Été, théâtre de verdure, dure loi de la nature. Automne, tonne le tocsin, les vers minent les poètes.
L'Hiver, glace, vers, vaine inspiration. Rimes en rythme qui attisent leur envie de s'aligner. Dieu qu'ils sont niais ces vers de ciel, pourtant plus éloquents que les vers de terre, pieds de nez à la misère de l'esprit, pris au premier degré, au gré de mes envies de plaire.

M'aime-t-il ? N'en déplaise à mon ego, tout de go, j'ai cris du cœur et je retombe sur mes pieds, à terre, terriblement écorchée par le vide ordure et ça dure, parfois une nuitée. Tais-toi dis-je à mon esprit emballé, laid de mauvaises pensées à panser.
Irradiée de déraison, la lune redonne raison à ce cœur affamé de poésie et de croissants de soleil. Diable ! je suis auteure et fière de lettres écrites dans ces nuits de vers, solitaire. Il est temps que tu reviennes. Vienne, m'y emmèneras-tu ? Ça y est, je rêve d'Orsay. Sais-tu ramasser les miettes de mon cœur brisé. ? zéro vers, serais-je versatile ? J'ai changé de style. Dans ces soirs moroses, couleur vers de gris, je vis à l'eau de prose, que faire alors de ces pieds de vers ou de verre comme la pantoufle oubliée en sortant du bal. Baladons-nous dans la citrouille, trouille de ne pas être du bon pied, pied de nez ! Eh l'ami, minute ! Te dis-je, je te confine : nenni ! Ni jeune ni vieille ne viendra essayer la chaussure oubliée.

Je m’évade

Au bord de la fenêtre Un merle s’est posé
Avec l’esprit serein j’admire le jardin
Comme un tableau de maître
Un nuage est passé mais non, c’est un mouton
Et le regarder paître me donne des frissons.
Sur le bord de la fleur, l’abeille en plein labeur
aspire le nectar. Il faut faire dare-dare
au cœur des campanules afin d’être rentré
avant le crépuscule
Un papillon timide effleure le rosier
et ma tête se vide devant tant de beauté.
La vigne impatiente grimpe la pergola
pour rejoindre la menthe qui lui ouvre les bras.
Un groupe de fourmis traverse le dallage.
Le soleil lui aussi fait du remue-ménage.
Réveillez-vous les fruits dit-il aux framboisiers
Rougir n’est pas pêcher et ravit les palais.
Au bord de la fenêtre,
je m’évade peut-être…

Je pense à vous

Je dormais dans un bois perdu dans la rocaille
de mes tortures.
Vous aviez décidé de gagner la bataille
de mes blessures.
Je me suis relevée pour suivre le chemin
de l'écriture.
Nous nous sommes croisés, vous avez pris ma main
et mes fêlures.
Vous avez déposé un baiser sur mes yeux
et sur ma vie.
Je me suis réveillée, c'était un matin bleu
et j'ai souri.

J'y crois

La nuit s'est abattue, faisant taire mes rires
et le vent hivernal, comme pour m'interdire
de conjuguer ma vie autrement qu'au passé
a emporté mon âme
ruinant tous les peut-être
qui m'aurait fait renaître.
J'ai nagé très longtemps
dans cette mare infâme
enlisée dans les larmes
avec la lourde pierre
et la douleur amère
du poids de mes erreurs
d'entrevoir un possible
à peine perceptible
accroché à mon cœur.
J'ai aperçu l'oiseau au-dessus de ma tête
timide mais rieur et j'ai pensé : c'est bête
de mourir à mon âge.
Et puis j'ai vu la plage
où l'oiseau se posait.
La nuit était partie et le soleil pointait.

Je suis persuadée

Ce soir a pris la forme
de cette certitude
que mon cœur si chagrin
s'inscrira dans le sien.
Une couleur d'espoir
comme après un orage
quand le ciel apaisé
jette son manteau noir
et devient polychrome.
Ce soir a pris la forme
de ma béatitude.
Mon cœur joue un prélude
quand je pense à cet homme.

Je vous taquine

Auriez-vous oublié la virgule coquine
qui aimait se glisser dans les mots plein de charme
que vous lui écriviez pour la rendre câline.
Et voilà maintenant qu'elle a perdu son âme.
Voudriez-vous vraiment la rendre si chagrine
au point que son émoi en perde son accent,
Qu'elle veuille mourir, noyée dans une larme
pour avoir tant aimé un goujat enseignant.
Ne préférez-vous pas ouvrir les guillemets,
ne plus mettre de point et laisser s'exclamer
sans suspension aucune, tous vos désirs ardents
mis entre parenthèses et vivre une passion
qui réinventerait notre ponctuation.

Je traduis Facebook

J'ai suivi sur mon livre des visages, que le vendredi qui suit le Jour d'action de grâce, célébré aux États-Unis le quatrième jeudi du mois de novembre, serait un jour d'achats liés à des rabais commerciaux. Comme j'ai du temps et pour ne pas provoquer un foyer de contamination, j'ai fait mes achats par correspondance dans des boutiques qui offrent le retrait en magasin et même déposent les colis dans ta voiture. Très détendue.

Traduction en français

Scoop sur Facebook la pub du friday black qui suit thanksgiving, il y a des super promos. Je ne suis pas overbookee mais, pour ne pas risquer un cluster, j'ai commandé au drive et au click and collect, c'est cool.

Je fabule

La « feumelle » ayant souffert tout l'été
se trouva fort éblouie
quand elle rencontra dandy.
Pas une journée sans nouvelle.
Ce manant me trouve belle
mais il faut qu'il sache céans
qu'il doit renoncer aux donzelles.
Elle lui cria sa colère
« mettez votre sexe au vestiaire
la « feumelle » n'est pas prêteuse
c'est là son moindre défaut
finissez-en d'être chaud »
dit-elle comme une emmerdeuse.
« Nuit et jour à tout venant
désormais serez mon amant
larguez toutes ces damoiselles
vous draguiez ? J'en suis fort aise
alors aimez-moi maintenant ».

Je t'aime

Trempe ton cœur dans mes je t'aime
pose tes mains sur mes dilemmes
place sur mes lèvres brûlantes
tes certitudes insolentes
tu errais comme un apatride
lorsque tu as croisé mes rides
mon corps est devenu la terre
de ce désir sans frontières
laisse tes yeux couler d'amour
enivre-toi de mes toujours
tes maintenant me donnent foi
en des après auxquels je crois
trempe ton cœur dans mes je t'aime
il en sortira un poème.

Je me questionne

Pourquoi en est-on à se regarder en chiens de faïence ?
N'ai-je donc plus de chien ?
Oui je sais, les chiens aboient la caravane passe
mais quand même. Un chien regarde bien un évêque.
Crois-moi je suis en chien.
Je dors même en chien de fusil.
Ça pourrait paraître menaçant.
J'ai toujours l'impression d'arriver
comme un chien dans un jeu de quilles.

Je voudrais être un chat

Attendre la gamelle
pister la tourterelle
et ne plus voir tout ça !
Les enfants faméliques,
les pauvres dans la rue,
tous ceux qui s'entre-tuent
les combats fanatiques
les horreurs de ces guerres
qui tuent des innocents
des enfants et des mères
et puis ces enseignants
de ceux qui instituent
et n'avaient qu'un seul but
faire des citoyens
les sortir de la rue

leur apprendre à grandir
Pas celui de mourir.
Pour noyer mon chagrin
je voudrais être un chat
et griffer le destin.

Je pense à nos amis

Il fait beau aujourd'hui.
C'est une journée en Aure.
Nous venons de terminer le repas.
L'amitié éclaire la terrasse.
Au loin, l'Arbizon tout fier me regarde de haut.
Elles ont préparé un gâteau aux myrtilles. Elles
s'étaient levées tôt pour les ramasser
et, comme le veut la coutume, elles ont allumé des
bougies qui dans les temps anciens étaient censées
protéger des démons.
Des monts, ici il y en a partout.
Plus loin dans la vallée d'Aspe, le pic d'Anie me fait
un clin d'œil.
Pic et pic et colegram.
Un milan noir s'est posé sur le chêne vert.
Il fait beau aujourd'hui,
j'ai maintenant 75 ans.

Je retourne en enfance

Une chambre sombre haute de plafond qui sentait l'encaustique et le feu de bois. C'est l'odeur, cette odeur-là, la même qui m'a emportée, transportée dirais-je, vers ce Médoc de mes 10 ans. Les moments que l'on passait sous la treille à partager des nouvelles : « Jacky va bien » disait Léoncia Jacky, c'est mon frère qui, à cette époque, vivait au Congo. Sans doute une destination trop improbable pour elle. Alors, elle s'empressait de nous embarquer dans son pays à elle. Et moi, je voyageais dans cette bande dessinée exprès pour moi. « Il y a encore des chatons qui sont nés sur les gueilles de bonde », annonçait-elle fièrement et je courais me contaminer à leur douceur. C'était un autre monde. Elle ne se doutait pas du souvenir qui s'incrusterait à jamais quand elle me demandait d'aller chercher l'eau pour la soupe. Grand-père pompait et sachant ce qu'il faisait me menaçait de me jeter dans le puits. J'étais dans un thriller comme disent aujourd'hui mes petits-enfants. Mais le meilleur moment c'était au moment d'aller sous la couette « en duvet de canard » précisait grand-mère. « Et je t'ai mis le moine pour que tu aies bien chaud ». Cet extraordinaire appareil dans lequel elle avait placé des braises pour réchauffer les draps. J'avais fait un beau voyage et il fallait maintenant se reposer avant celui qui allait commencer, le lendemain, au pays de la tendresse.

Je m'étonne

La peur, la souffrance, le plaisir peuvent éclore tour à tour au même endroit ; c'est ce qu'il advint ce soir-là. Tiens, c'est bizarre j'ai déjà entendu cette phrase. Y aurait-il de l'écho ? Pardon je la répète en boucle je n'y arrive pas à faire le deuil de cette soirée. Il paraît que je suis dans le coma. Alors je peux penser ce que je veux. Tous ceux qui viennent me voir me disent la même chose et ça finit par me faire chier. J'ai l'impression que si je meurs c'est ce qu'ils inscriront sur la tombe. Ils ne se doutent même pas de ce que je souffre. Brûlée au 3e degré. Oui dans le coma, on souffre. On pense, on réfléchit, on se rappelle.
La peur du bruit, la souffrance du feu, le plaisir d'être vivant et du souvenir de cette soirée en famille. La foule joyeuse rassemblée pour un soir de fête. Alors qu'éclataient dans la nuit les premières fusées du feu d'artifice…

Je me remets en question

J'ai banni longtemps de ma mémoire le souvenir de ce paysage de montagne qui avait ravi la quiétude de mes 4 ans.

Il lui était interdit de franchir la frontière de mes pensées, sous peine de provoquer une avalanche de tristesse et des torrents de pluies de larmes.

Replonger à sec dans ces années qui auraient dû être insouciantes, me rappelait la neige brûlante et noire et la peur apaisante me permettant de trouver des bras pour me consoler.

Je n'ai pris conscience de la beauté du paysage que lorsque je suis revenue, quarante ans plus tard, le cœur guéri et les yeux enfin ouverts.

Je suis réaliste

Bien sûr que je suis vieille.
Mes poches sous les yeux ,
c'est comme une corbeille
de souvenirs heureux.
Mais aussi de ces larmes
que j'ai voulu cacher
car c'était ça mon arme,
Éviter de montrer
mon visage ridé.
Prenez donc ce chemin,
regardez là au coin
les plis de la colère,
lorsque partait ma mère.
Puis j'ai eu trois enfants.
Les 3 plis maintenant
qui sont au coin des lèvres,
c'est pas un bec de lièvre
mais un feu d'artifice
de toutes leurs malices.
Mais oui sur mon visage
on en fait des voyages.

Aujourd'hui dans la glace
je n'ai pu m'empêcher
de regarder en face
l'exacte vérité.
J'y ai vu les chemins
tracés sur mon visage.
Ceux d'un très long voyage
dont je connais la fin.
Je ne veux m'inventer
un retour en arrière
à l'envers des années.
De mon âge suis fière.

Je prie pour

Que les enfants trouvent des lits,
que les oiseaux trouvent des nids,
et que nous, nous trouvions des si.
Si nos cœurs étaient tolérants
on se ferait tous de la place.
S'il n'y avait plus de race,
s'il n'y avait plus de classe,
il n'y aurait plus de méchants.
Tous ensemble autour de la terre
on te repousserait folie meurtrière.

Je vous retrouve

Dans une étoile, un soir
elle a cueilli l'espoir.
Dans la fleur l'a perdu.
La pie lui a rendu.
Dedans la goutte de pluie,
elle s'est trouvée jolie
et puis dans une larme
elle a cru se noyer.
Ce n'était pas un drame
il y était aussi.
Ils se sont retrouvés
et ils ont beaucoup ri.
Rien ne peut séparer
des enfants malicieux
qui sont si amoureux.

Je cherche la petite bête

Quand on est petit, on ne sait pas qui on est, mais quand elle a dit : « tu es une sale bête » ! je me suis inquiétée. Sale, je n'en doutais pas, mais bête ? Oui, mais laquelle ? Car il y en avait beaucoup. Elle disait que j'étais bavarde comme une pie, que j'allais la rendre chèvre, que j'étais une tête de mule. Elle me reprochait d'avoir une mémoire de poisson rouge ou de rire comme une baleine. Bien sûr, tous ses mots doux me rendaient malheureuse, et lorsque les larmes venaient, c'était bien entendu celles d'un crocodile. Alors, au risque d'affronter son regard ,je me contentais de faire l'autruche. J'avais peur, et, ne sachant pas qui j'étais, j'ai eu du mal à grandir. Maligne comme un singe ou en colère comme un ours mal léché ? D'autant qu'en plus, j'avais une tête de linotte et j'avais souvent le bourdon. Un temps, j'ai pensé que je devais être un oiseau, mais sans doute n'en avais-je que la cervelle, car mes essais pour m'envoler n'aboutirent qu'à une grave entorse et sa colère encore plus grande la poussa à me traiter de bête comme une oie, ça m'aurait plu d'être une oie mais selon elle j'étais surtout franche comme un âne qui recule. Quand j'avais peur, j'étais une poule mouillée. Alors, qui étais-je ?

Table des matières

Imprimé en Allemagne
Achevé d'imprimer en mars 2024
Dépôt légal : mars 2024

Pour

Le Lys Bleu Éditions
40, rue du Louvre
75001 Paris

www.ingramcontent.com/pod-product-compliance
Lightning Source LLC
Chambersburg PA
CBHW062346010826
49168CB00024B/282

* 9 7 9 1 0 4 2 2 2 5 3 5 3 *